1903. Décembre 7

VENTE

HOTEL DROUOT, SALLE N° 6

LES 7, 8 ET 9 DÉCEMBRE 1903

A DEUX HEURES

CURIOSITÉS MILITAIRES

ayant figuré en grande partie aux Expositions

de 1889 et 1900

MEUBLES — BRONZES — OBJETS DIVERS

EXPOSITION PUBLIQUE

Le Dimanche 6 Décembre 1903

DE 2 HEURES A 6 HEURES

Me V. TERNISIEN
Commissaire-Priseur
10, RUE DE CHANTILLY, PARIS

M. G. COURTOIS
Expert
44, RUE POUSSIN, PARIS

PARIS. — Imp. C. CHAUFOUR
8 10, rue Milton

CATALOGUE

DE

CURIOSITÉS MILITAIRES

MEUBLES, BRONZES, FAIENCES, STRASS,

Objets de Vitrine

DONT LA VENTE AURA LIEU

HOTEL DROUOT, SALLE N° 6

LES LUNDI 7, MARDI 8 ET MERCREDI 9 DÉCEMBRE 1903

A DEUX HEURES

EXPOSITION PUBLIQUE

Le Dimanche 6 Décembre 1903

DE 2 HEURES A 6 HEURES

Me V. TERNISIEN
Commissaire-Priseur
10, RUE DE CHANTILLY, PARIS

M. G. COURTOIS
Expert
44, RUE POUSSIN, PARIS

1903

CONDITIONS DE LA VENTE

Elle sera faite expressément au comptant.

Les acquéreurs paieront *dix pour cent* en sus des enchères.

L'exposition permettant au public de se rendre compte de la nature et de l'état des objets, il ne sera admis aucune réclamation une fois l'adjudication prononcée.

4086. — Imprimerie artistique C. CHAUFOUR, 8-10, rue Milton

CURIOSITÉS MILITAIRES

COSTUMES

1 — Pelisse et gilet d'un Officier supérieur, cavalerie légère, époque Premier Empire.

2 — Costume de Chasseur à cheval de la Garde, époque Premier Empire, composé de : *colback*, *dolman*, *ceinture à la hussarde*, *pantalon*, *ceinturon buffle*, *sabre*, *dragone*, *sabretache et godet cuir*.

3 — Habit et épaulettes d'un Grenadier à cheval de la Garde, époque Premier Empire.

4 — Costume de Gendarme du roi, époque Restauration, composé de : *casque*, *habit de grande et petite tenue*, *épaulettes*, *aiguillettes*, *giberne et banderole*, *ceinturon avec boucle*, *schabraque et couvre fontes*.

5 — Costume de Mousquetaire noir, époque Restauration, composé de : *casque*, *soubreveste*, *habit de grande tenue*, *épaulettes*, *boucle de ceinturon et sabre*.

6 — Habit de Gendarme du roi, petite tenue, époque Restauration.

7 — Habit de Garde du Corps, époque Restauration.

8 — Habit de Mousquetaire gris, petite tenue, époque Restauration.

9 — Habit de sous-gouverneur des Pages, époque Charles X.

10 — Habit de Général, époque Louis-Philippe.

11 — Dolman de lieutenant-colonel, artillerie de la Garde, époque Napoléon III.

12 — Tunique d'officier de Voltigeurs, Garde Impériale, Napoléon III.

13 — Costume de Zouave.

14 — Habit d'officier de Carabiniers, tenue de ville, second Empire.

15 — Dolman, trompette des Guides de la garde, second Empire.

16 — Habit de général, Napoléon III.

17 — Dolman, Artillerie de la Garde, 1863.

18 — Dolman, Guides de la Garde, 1853.

19 — Dolman, Chasseurs de la Garde, second Empire.

20 — Kurtka de Lanciers de la Garde, second Empire.

21 — Costume de Cent Gardes composé de : *casque, cuirasse, soubreveste de salon, épaulettes, aiguillettes, tunique, pantalon, bottes, giberne, épée, sabre, fusil. Treuil de Beaulieu avec latte et fusil premier modèle avec latte.*

22 — Pourpoint et culotte, soldat du Pape.

23 — Livrée.

24 — Costume de Cantinière, Chasseurs à cheval, second Empire.

25 — Costume de Guides, Napoléon III.

26 à 50 — Quantité d'effets du premier au second Empire.

ARMES

SABRES, ÉPÉES

51 — Sabre droit, officier de Dragons, époque Louis XVI.

52 — Sabre courbe, officier supérieur, cavalerie légère, époque XVIIIe siècle.

53 — Sabre courbe, officier général, XVIIIe siècle.

54 — Sabre courbe, officier supérieur, cavalerie légère, époque XVIIIe siècle.

55 — Sabre mi-courbe, officier de cavalerie légère, époque XVIIIe siècle.

56 — Sabre mi-courbe, officier de marine, époque XVIIIe sièele.

57 — Sabre droit, Dragons, époque Louis XVI.

58 — Un autre.

59 — Sabre courbe, cavalerie légère, époque Révolution.

60 — Sabre de carabinier, époque Révolution.

61 — Sabre courbe, cavalerie, époque Révolution.

62 — Sabre de Dragons, an II.

63 — Sabre droit, époque Consulat.

64 — Sabre d'officier d'Artillerie de la Garde Consulaire, de l'époque.

65 — Sabre courbe, officier de cavalerie, époque Consulat.

66 — Sabre d'officier de Cuirassiers, époque premier Empire.

67 — Sabre d'officier supérieur des Cuirassiers, époque Premier Empire.

68 — Sabre d'officier des Grenadiers à pieds, garde impériale, époque Napoléon Ier.

69 — Sabre d'officier de Chasseurs à pied de la garde, Premier Empire.

70 — Sabre d'officier d'état-major, époque Premier Empire.

71 — Sabre courbe, officier supérieur, époque Premier Empire.

72 — Sabre d'officier de Dragons, époque Premier Empire.

73 — Sabre de Grenadier à cheval du roi, 1814-1815.

74 — Sabre cimeterre, officier supérieur, époque Premier Empire.

75 — Sabre de Chasseur à cheval de la garde, troupe, époque Premier Empire.

76 — Sabre d'officier d'artillerie, époque Premier Empire.

77 — Sabre de major d'artillerie de la garde, époque Premier Empire.

78 — Sabre de campagne, officier de Chasseurs à cheval de la garde, époque Premier Empire.
Voir la Garde Impériale par Fallou, p. 229.

79 — Sabre d'officier supérieur du royaume de Westphalie, époque Premier Empire.

80 — Sabre de Chasseurs à cheval de la Garde et dragonne, époque Premier Empire. (*Voir n° 2*).

81 — Sabre de Sapeur de la Garde, époque Premier Empire.
Voir la Garde Impériale, par Fallou, p. 143.

82 à 86 — Epée clavier et autres.

87 — Sept sabres grosse cavalerie, divers mod.

88 — Sabre d'officier supérieur, cavalerie, époque Premier Empire.

89 — Sabre en fer donné par le roi au comte de D.

90 — Epée de Mousquetaire noir, Restauration.

91 — Sabre de Mousquetaire noir, époque Restauration. (*Voir n° 5*).

92 — Sabre de Mousquetaire gris, époque Restauration.

93 — Sabre de Garde royale de Paris.

94 — Sabre de Gardes du corps, fourreau cuir, époque Restauration.

95 — Un autre.

96 — Sabre de Garde du corps, fourreau fer, époque Restauration.

97 — Sabre de Gardes du corps, fourreau fer, époque Restauration.

98 — Un autre.

99 — Epée de Chevau-légers, époque Restauration.

100 — Sabre d'enfant, fourreau ciselé.

101 — Plusieurs sabres d'officiers, Premier Empire et Révolution.

102 — Sabre de cavalerie légère, troupe, mod. 1823.

103 — Plusieurs sabres, troupe, Premier Empire.

104 — Plusieurs sabres, troupe, second Empire.

105 — Sabre de Tambour-major, Louis-Philippe.

106 à 108 — Epées diverses.

109 — Sabre de Tambour-major, garde impériale.

110 — Sabre de Cent gardes (*Voir n° 21*).

111 — Epée de Cent gardes (*Voir n° 21*).

112 — Latte pour Treuil de Beaulieu, mod. 1854.

113 — Une autre.

114 — Une autre, mod. 1853.

115 — Sabre d'officier de Zouaves, second Empire.

116-117 — Quatre lances.

118 — Sabre d'officier de Mamelucks, époque Premier Empire.

119 — Sabre de grosse cavalerie, 1815.

120 à 125 — Epées du XVIIIe siècle.

125 à 135 — Sabres du Premier Empire et Restauration.

135 à 140 — Sabres de Louis Philippe à Napoléon III.

FUSILS

141 — Fusil de Cent gardes, Treuil de Beaulieu avec latte.

142 — Fusil et baïonnette, mod. 1854.

143 — Un autre avec sabre baïonnette.

144 — Un autre, mod. 1846.

145 — Fusil et latte de Cent gardes, 1er mod. (*Voir n° 21*).

146 — Fusil et latte de Dragons de la garde.

147 à 149 — Trois fusils divers.

150 — Fusil mod. 1842.

151 — Fusil batterie à silex, Versailles, mod. 1777.

152 — Mousqueton et sabre baïonnette, Saint-Etienne, mod. 66-74.

153 — Fusil et baïonnette, mod. 1853.

154 — Carabine et baïonnette, Châtellerault, 9 mod. 74.

155 — Fusil et baïonnette, mod. 1863.

156 — Trois fusils et baïonnettes, mod. 1866-74.

157 — Un fusil Gardes du Corps du roi.

158 — Deux fusils et baïonnettes de Steyr-Autriche, Mre de M. de Werndl, mod. 1878, marine.

159 — Un fusil et baïonnette, mod. 74.

160 — Fusil batterie à silex, Boutet-Versailles.

161 — Fusil à silex, mill, 1822, Tulle.

162 — Fusil d'officier XVIIIe siècle. Compagnie de Villeroy, n° 49.

163 — Un autre, canon bronzé aux armes de France gravées or.

164 — Fusil d'honneur donné par le premier Consul au Cen Thiulot..... Boutet-Versailles.

165 — Fusil à silex aux initiales A. L. Bachereau à Paris.

166 — Deux fusils mill. 1874, Saint-Etienne.

167 — Un fusil à silex.

168 — Fusil à canon tournant.

169 — Fusil à silex et baïonnette, enfant.

170 à 180 — Fusils divers.

PISTOLETS

181 — Pistolet à silex Saint-Etienne 1771.

182 — Un autre.

183 — Un autre, Maubeuge.

184 — Pistolet à capsules, Maubeuge.

185 — Un autre, Charleville.

186 — Un autre à tringle.

187 à 190 — Pistolets divers.

SABRETACHES

191 — Sabretache de la Garde des Consuls, brodée, époque Consulat.

192 — Sabretache d'Officier supérieur d'Artillerie de la Garde, brodée or fin, époque Premier Empire.
Voir la Garde Impériale par Fallou, p. 332.

193 — Sabretache de sous-officier des Chasseurs à cheval de la Garde, époque Premier Empire.
Voir la Garde Impériale par Fallou, p. 213.

194 — Sabretache de Chasseurs à cheval de la Garde, époque Premier Empire (*Voir n°* 2).

195 — Sabretache de Garde d'honneur, époque Premier Empire.
Voir la Garde Impériale par Fallou, p. 285.

196 — Sabretache et ceinturon d'officier supérieur des Hussards de la Garde Royale, grande tenue; plaque et bouclerie en argent, époque Restauration.

197 — Sabretache et ceinturon d'officier supérieur des Hussards de la Garde Royale, petite tenue, plaque et bouclerie en argent, époque Restauration

198 — Sabretache et ceinturon de colonel des Guides, tenue de gala, époque Second Empire.

199 — Sabretache de cantinière Napoléon III.

200 — Sabretaches de différentes époques.

GIBERNES

201 — Giberne d'officier XVIIIe siècle, appliques argent sur fond bleu, de l'époque.

202 — Giberne d'officier XVIIIe siècle, cuir brodé argent, de l'époque.

203 — Giberne d'officier XVIIIe siècle brodée soie et or sur velours rouge, de l'époque.

204 — Giberne et banderole d'officier de cavalerie, époque Premier Empire.

205 — Giberne et banderole d'officier de cavalerie légère en velours rouge brodée or, époque Premier Empire.

206 — Giberne et banderole de Chasseurs de la Garde, troupe, époque Premier Empire (*Voir n° 2*).

207 — Giberne et baudrier de Sapeurs des Grenadiers de la garde, époque premier Empire.
(*Voir la Garde Impériale par Fallou, p. 106*)

208 — Giberne et ceinture de Sapeur du 42e de ligne.

209 — Giberne de la Garde du Corps, rouge, 5e Compagnie, époque Restauration.

210 — Une autre, verte, 2e Compagnie.

211 — Une autre, bleue, 3e Compagnie.

212 — Une autre, jaune, 4e Compagnie.

213 — Giberne et banderole de Gendarme du roi, époque Restauration (*Voir N° 4*).

214 — Giberne d'officier de cavalerie, Restauration.

215 — Giberne de Grenadier de la garde royale, troupe, Restauration.

216 — Giberne et banderole, officier de Hussards, L. Philippe.

217 — Giberne et banderole de Sapeurs des Grenadiers de garde, époque premier Empire.

218 à 219 — Gibernes et banderoles d'officier de cavalerie.

220 — Giberne, garde municipale 1830.

221 — Giberne et banderole d'officier d'Artillerie de la garde, Napoléon III.

222 à 224 — Plusieurs gibernes de différentes époques.

225 — Giberne et banderole d'officier des Guides, grande tenue, Napoléon III.

226 — Giberne et banderole d'officier des Guides, petite tenue, Napoléon III.

227 — Giberne et banderole de Guides, troupe, Napoléon III.

228 — Giberne de Cent Gardes (*Voir N° 21*).

229 — Giberne d'officier des Cent Gardes.

230 — Giberne et banderole d'officier des Chasseurs de la garde, grande tenue, Napoléon III.

231 — Giberne d'officier d'artillerie de la garde, Napoléon III.

232 à 234 — Gibernes d'officier de Chasseurs de la garde petite tenue, second Empire.

235 — Giberne et banderole porte mousqueton, 1860.

236 à 248 — Quantité de gibernes et banderoles d'époques diverses.

COIFFURES

249 — Calotte de Coureur ornée de dentelle et d'une plaque en argent, époque XVIIIe siècle.

250 — Bonnet de police, époque Révolution.

251 — Casque de Colonel de Cuirassiers de la garde époque Ier Empire. (Ce casque portant à sa base la date du sacre en style grégorien vient corroborer les quelques lignes suivantes tirées du grand Larousse, T 3 p. 138.

... Avant même d'être empereur. Napoléon était bien résolu à sacrifier à la cour de Rome le calendrier national dont il avait lui-même illustré tant de dates. En avril 1802 la loi relative à la réorganisation des cultes détermina dans un de ses articles que le repos des fonctionnaires publics serait fixé au dimanche Le 13 floréal suivant (3 mai) un simple arrêté des consuls prescrivit que les publications de mariages ne pourraient avoir lieu que le dimanche. Cette substitution de la semaine à la décade était un pas considérable vers la restauration intégrale du calendrier grégorien...

252 — Casque de Dragons de la garde, troupe, époque premier Empire.

253 — Casque d'officier de Dragons de la garde, époque premier Empire.

254 — Casque d'officier de Dragons, époque premier Empire.

255 — Casque de Cuirassiers, troupe, époque premier Empire.

256 — Casque de Génie, troupe, époque premier Empire.

257 — Casque de Carabiniers, troupe époque premier Empire.

258 — Schapka d'officier de Lanciers de la garde, époque premier Empire.

259 — Chapeau de Général, époque premier Empire.

260 — Schako et plumet d'officier des Fusiliers, Tirailleurs et Conscrits Grenadiers de la Jeune garde, époque premier Empire.

(*Voir la Garde Impériale par Fallou, p. 148*)

261 — Chapeau, petite tenue, des Grenadiers à pied de la garde, époque premier Empire.

262 — Schako d'officier d'infanterie premier Empire.

263 — Colback de Chasseurs de la garde, époque premier Empire (*Voir N° 2*).

264 — Casque de Gendarme du roi, époque Restauration (*voir n° 4*).

265 — Casque de Mousquetaire noir, époque Restauration (*Voir n° 5*).

266 — Casque d'officier de Dragons, époque 1816.

267 — Casque de Dragons, troupe, époque 1816.

268 — Casque d'officier de Carabiniers, époque 1825.

269 — Casque d'officier de Dragons, époque 1825.

270 — Shako d'officier d'Infanterie, époque Restauration.

271 — Un autre.

272 — Schapsha de Lanciers de la garde royale, 1825-1830.

273 — Chapeau d'uniforme de sous-gouverneur des Pages, Charles X.

274 — Bonnet de police de sous-gouverneur des Pages, Charles X.

275 — Chapeau d'officier d'artillerie. Restauration.

276 — Casque de Garde Municipale, 29 juillet 1830.

277 — Casque de Dragons, 1845.

278 — Casque de Carabiniers, 1845.

279 — Casque de trompette de Carabiniers, second Empire.

280 — Casque de Cent gardes (*voir n 21*).

281 — Quatre casques de Pompiers 1848 et autres.

282 — Casque de Garde républicaine, époque Présidence.

283 — Trois casques divers.

284 — Neuf shakos divers.

285 — Plusieurs casques.

286 — Douze chapeaux officiers et troupe.

287 — Bonnets de police.

CUIRASSES

288 — Cuirasse de Carabiniers, 1845.

289 — Cuirasse de Cent gardes (*voir n° 21*).

290 — Quatre cuirasses Napoléon Ier et autres.

ACCESSOIRES, HARNACHEMENT EQUIPEMENT

291 — Schabraque et couvre-fontes de Gendarme du roi, époque Restauration (*voir n°* 4).

292 — Schabraque et couvre-fontes d'officier de Cent Gardes (*voir n°* 21).

293-299 — Divers schabraques, fontes et couvre-fontes d'officiers et de troupe de différentes époques.

300 — Ceinturon de Chasseurs à cheval de la garde, premier Empire (*voir n°* 2).

301 — Ceinturon et boucle d'Officier de Chasseurs à pied époque premier Empire.

302 — Ceinturon peau blanche brodée argent et boucle, officier, époque premier Empire.

303 — Ceinturon d'officier de cavalerie, premier Empire.

304 — Plusieurs ceinturons divers.

305 — Ceinturon et boucle de Gendarme du roi. Restauration (*voir n° 4*).

306 — Mors et fausses-rênes or de Gendarme du roi. Restauration (*voir n° 4*).

307 — Epaulettes et aiguillettes de Gendarme du roi. Restauration (*voir n° 4*).

308 — Epaulettes or. Officier de Chevau-léger. Restauration.

309 — Epaulettes d'officier des Gardes du corps. Restauration.

310 — Epaulette et contre-épaulette or. Aide de camp, premier Empire.

311 — Epaulettes de colonel d'Artillerie. Restauration.

312 — Epaulettes de colonel, premier Empire.

313 — Epaulette et contre-épaulette argent frange corde à puits, premier Empire.

314 — Epaulette or, frange corde à puits, premier Empire.

315 — Cinq épaulettes or et argent Louis XVI. Empire et Restauration.

316 — Quatre p. épaulettes or et argent 1830 et Napoléon III.

317 — Deux p. épaulettes colonel et capitaine. Gardes de Paris.

318 — Epaulettes et aiguillettes de Cent Gardes (*voir n° 21*).

319 — Epaulettes et aiguillettes C[t] de Voltigeurs de la garde, Napoléon III.

320 — Epaulettes de Mousquetaires noirs. Restauration (*voir n°* 5).

321 — Quatre aiguillettes variées.

322 — Neuf dragonnes d'officier de Louis XV à la Restauration.

323 — Ceinture filet or et soie, Napoléon III.

324 — Onze cordons de pelisses et de coiffures, or et argent.

325 — Ceinture.

326 — Passementerie et agréments divers.

327 — Canne de Tambour maître, 3e Grenadiers, 1er Bataillon, Garde Impériale, Napoléon III.

328 — Canne de Tambour maître, Mascara.

329 — Une autre.

330 — Tambour.

331 — Caisse roulante.

332 — Fifre et étui.

333 — Baril de vivandière, 2e Voltigeurs de la Garde.

334 — Baril de vivandière, 56e de Ligne.

335 — Baril de vivandière, banderole et coussinet, 1er Grenadier de la Garde, Mme Leblanc.

336 — Baril de vivandière du 5e Cuirassiers, avec banderole.

337 — Baril de vivandière, 2e Bataillon de Grenadiers de la Garde, avec banderole.

338 — Aiguillettes et ferrets. Livrée du Premier Consul.

339 — Bidon et marmites de campement.

340 — Accessoires divers.

DRAPEAUX, FANIONS, FLAMMES

341 — Fanion brodé. Régiment de Condé. Dragons, XVIIIe siècle.

342 — Fanion du 4e Bataillon, 14e Régiment d'Infanterie légère, 1812.

343 — Drapeau en soie blanche peinte aux armes de France, avec légende : « Vive le Roi ».

344 — Fanion du 1er Tirailleurs, 2e Compagnie.

345 — Flamme de Trompette de l'Escadron des Cent Gardes, époque Napoléon III.

346 — Banderole de Timbale de cavalerie, époque Ier Empire.

347 à 350 — Quatre drapeaux et bannières avec ornements imprimés, époque Napoléon III.

CUIVRERIE, COCARDES, CANONS BOUTONS

351 — Réunion de plaques de shakos et attributs divers de Louis XIV à Napoléon III.

352 — Colleclion de boutons militaires remontant au commencement du XVIIIe siècle.

353 — Quatre appliques de retroussés d'habits, époque Révolutionnaire et huit cocardes dont deux à figurine, Révolution et Premier Empire.

354 — Canon bronze finement ciselé, affût et avant-train, époque 1717.

355 — Canon cuivre avec caisson.

356 — Un autre.

357 — Collection de bouts de fonte de Louis XV à Napoléon III.

358 — Collection d'étriers d'officiers et de troupe, de Louis XV à Napoléon III.

359 — Collection de mors de brides de Louis XIII à Napoléon III, officiers et troupe.

360 — Collection de cœurs et fleurons de poitrail, depuis le Premier Empire.

361 — Collection de bossettes de mors, depuis Napoléon Ier.

362 — Collection de bouclerie, de Louis XIV à Napoléon III.

363 — Agrafes de manteau, boucles et passants de mousquetaires gris.

364 — Bouclerie, maréchal de France, Restauration et Napoléon III.

DÉCORATIONS

365 — Croix du Saint-Esprit, brodée argent, époque Louis XVI.

366 — Croix or de saint Louis, époque Louis XVI.

367 — Une autre.

368 — Médaillon de Vétéran.

369 — Grenade d'honneur, époque Consulat.

370 — Plaque de Grand Officier de la Légion d'honneur, brodée, époque Ier Empire.

371 — Couronne de fer, époque Premier Empire.

372 — Couronne de fer, époque Premier Empire.

373 — Croix or de la Réunion, époque Premeer Empire.

374 — Croix chevalier Légion, création.

375 — Une autre.

376 — Plaque de Grand-Officier de la Légion d'Honneur, brodée, Restauration.

377 — Une autre argent.

378 — Croix or de Saint-Louis, époque Restauration.

379 — Une autre.

380 — Une autre.

381 — Plaque de Grand-Officier de la Légion d'Honneur, brodée, 1830.

382 — Une autre argent et émail.

383 à 390 — Huit décorations diverses.

DIVERS

391 — Bronze par Tourgueneff. *Officier de cuirassiers commandant la charge.*

392 — Bronze par Tourgueneff. *Hussard 1804.*

393 — Bronze par Tourgueneff. *Grenadier de la Garde Consulaire.*

394 — Bronze par Fremiet. *Chat et oiseau bons amis.*

395 — Bronze par Fremiet. *La Toilette du chat.*

396 — Encrier Empire, bronze.

397 — Sonnette ancienne. Amazone fumant, genre GAVARNI.

398 — Sonnette ancienne. Femme tête branlante. en costume du XVIIIe siècle.

399 — Boîte à mouches ovale, formant panier à deux ouvertures, en or de plusieurs tons, ciselée et gravée, époque Louis XVI.

400 — Boîte ovale en or, ornée de perles et feuilles émaillées blanc, violet et vert, très finement ciselée et gravée.

401 — Boîte ovale en or, gravée et émaillée bleue, époque Premier Empire.

402 — Boîte en or forme navette, concave, gravée et ciselée, commencement du XIXe siècle.

403 — Boîte-cassolette forme malle, nacre gravée et or, dans un écrin, époque XVIIIe siècle.

404 — Manche d'ombrelle à pans, en or gravé.

405 — Tabatière cuivre forme chapeau Napoléon, avec médaillon représentant les membres de la famille impériale.

406 — Eventail, monture nacre gravée or.

407 — Breloque en or.

408 — Bague or et argent avec miniature, ancienne

409 — Jolie miniature, portrait de femme.

410 — Verseuse or.

411 — Boucle carrée argent et strass, ancienne.

412 — Boucle carrée argent et strass, ancienne.

413 — Boucle ajourée argent et strass, ancienne.

414 — Boucle ovale argent et strass, ancienne.

415 — Boucle ovale argent et strass, ancienne.

416 — Paire de boucles ovales argent et strass, ancienne.

417 — Pendentif Saint-Esprit argent et strass.

418 — Ecran en soie peinte au chiffre J. N. Premier Empire.

419 — Plusieurs boutons anciens émail et porcelaine.

420 — Porte-huilier en argent, époque Louis XVI.

421 — Etui-trousse en argent, ancien.

422 — Gravure, portrait en pied du général Lasalle.

423 — Ardoise polychrome. Napoléon.

424 — Cartel vernis Martin et bronze doré et ciselé, époque XVIIIe siècle.

425 — Assiette ancienne faïence de Nevers, Révolution : *Pran garde au chat.*

426 — Une autre : *Nous jouons de malheur, le plus fort l'emporte.*

427 — Une autre : *Si les choses ne changent de face, nous irons bientôt à la besace.*

428 — Une autre: *Constitution*.

429 — Une autre: *Arbre de la Liberté, tentes*.

430 — Une autre: *Grande tente*.

431 — Assiette ancienne faïence de Nevers, Révolution, *serment civique*.

432 — Une autre, faïence de Varzy, *Bastille*.

433 — Plusieurs assiettes anciennes, Révolution et autres.

434 — Plat ovale, ancienne faïence de Rouen, camaïeu bleu.

435 — Assiette ancienne, Apret.

436 — Huit assiettes porcelaine, provenant du service des Cent Gardes.

437 -- Deux vases porcelaine décorée, Premier Empire

438 — Dix couteaux et service à découper provenant des Cent Gardes.

439 — Pichet ancienne faïence de Hannong.

440 — Coquetier ancienne faïence de Strasbourg.

441 — Petit pot ancienne faïence de Savone.

442 — Ecuelle de pélérinage, ancienne faïence Italienne.

443 — Tasse et soucoupe porcelaine décorée, Empire.

444 — Deux tasses et soucoupes porcelaine de Saxe.

445 — Porcelaines divers.

446 — Faïences Françaises et Etrangères.

447 — Paire de chenêts, époque Louis XV.

448 — Paire de chenêts, époque Premier Empire.

449 — Paire d'appliques, époque Louis XVI.

450 — Paire d'appliques, époque Premier Empire.

451 — Deux morceaux tapisserie, provenant d'une berline, Premier Empire.

452 — Tapisserie. Roi sur un trône et verdure. Epoque de la fin du XVIe siècle (2 m. × 2m80.)

453 — Importante collection de timbres poste.

454 — Console encognure ancienne, vernis Martin.

455 — Jardinière en marqueterie ornée de bronze et d'un médaillon pâte tendre, fin XVIIIe siècle.

456 — Epingle en or, aigle impériale émaillée.

457 — Commode en marqueterie, à deux tiroirs, ornée de bronze, époque Louis XV.

458 — Jolie commode 1/2 lune acajou, richement ornée de bronzes dorés et ciselés, époque Louis XVI.

459 — Pendule à colonnettes, marbre blanc orné de bronzes dorés et ciselés, époque XVIIIe siècle.

460 — Chaise longue bois sculpté, époque du commencement du XVIIIe siècle.

461 — Pendules des XVIIIe et XIXe siècles.

462 — Bibelots divers.

463 et 470 — Commode, Bureau Table, Chiffonnier, Sièges, anciens et modernes.

471 — Objets omis au présent catalogue.

www.ingramcontent.com/pod-product-compliance
Ingram Content Group UK Ltd.
Pitfield, Milton Keynes, MK11 3LW, UK
UKHW032025260826
14628UKWH00006B/2730

9 782329 540887